Poesie & Aphoristik

Ihr seid mein Deutschland

„…Das ist Deutschland heute. Ich hasse es! Zutiefst.

Die Erinnerungen, die Werte, die man mir mitgab, Traditionen, die Sprache, Sitten, Gartenzwerge und Kuckucksuhren, Heimatfilme, Volksmusik, die geliebte und verhasste Ordnung, all die deutschen Tugenden und nicht zuletzt die mir lieben Menschen (und dazu zähle ich Euch) hasse ich nicht. Das Deutschland liebe ich! Immer und von ganzem Herzen! Ihr seid mein Deutschland!…"

(Dana Jungbluth, im Mai 2018; aus einem Brief an ihre politischen Facebook-Freunde)

Und auch Ihr seid mein Deutschland, die nicht meiner Meinung, zwingend aber für Meinungsfreiheit und fähig zu differenzieren sind! Zwischen Verfassungsfeinden und ihren Bekannten, mit denen sie einst Dinge jenseits von Politik verbanden. Zusammenhalt ist der Schlüssel in Krisenzeiten.

Dana Jungbluth

Poesie & Aphoristik

Politisch (un)korrekt

Bibliografische Information der Deutschen National-bibliothek:
Die Deutsche Nationalbibliothek verzeichnet diese Publikation in der Deutschen Nationalbibliografie; detaillierte bibliografische Daten sind im Internet über http://dnb.dnb.de abrufbar.

© 2020 Dana Jungbluth

Herstellung und Verlag: BoD – Books on Demand, Norderstedt

ISBN: 978-3-7519-9677-8

Inhaltsverzeichnis

Aphorismen

Inhaltsverzeichnis

Gedichte

Extra

Zur Wahl Donald Trumps

Einst mahnte man den Pöbel, Angst sei stets ein
schlechter Ratgeber;
der Pöbel aber zeigte, dass Arroganz ein noch
schlechterer ist.

(Dana Jungbluth, 9. November 2016)

Nationalfarben

Meine Fahne – schwarz, rot, gold –
ist nicht so wie Ihr sie wollt.

Drum trag` ich sie ab morgen echt
völlig grundlos und erst recht.

Das werdet Ihr wohl nie verstehen:
mit ihr, da werd` ich untergehen.
Gehört zu mir, sagt mein Verstand,
mein liebes deutsches Vaterland.

(Dana Jungbluth, 10. November 2017; Gedanken zum grauen Trikot der Nationalelf)

Die deutsche Fahne kann mich mal,
ich such' mir eine neue,
denn hier ist nur noch eine Qual,
Regierung ohne Reue.

(Dana Jungbluth, Nachtrag vom 24. Mai 2018; zum Eklat zweier türkischer Spieler der deutschen Elf)

Germany first

Eine Gesellschaft, die nicht wenigstens den Anspruch
hegt, die beste zu sein, wird zwangsläufig untergehen.

(Dana Jungbluth, 30. Januar 2018)

(Dana Jungbluth, 30. Januar 2018)

Wehe dem Deutschen

Dem Deutschen geht's noch gut, ein Glück,
blickt er ständig auch zurück
auf den Kriege, den zweiten der Welt,
feiert sich fremden Gefieders als Held
für den Wohlstand, mit flinkem Straffen
aus den Trümmern sie hatten geschaffen.

So steht er da, ganz wohl genährt,
die Hitlerzeit schon längst verjährt,
erinnert stets und immer wieder
an jene schrecklichen Klagelieder
seiner Eltern, die den Führer erlebten,
wissen jedoch, wird's ihn nicht mehr geben.

Dennoch, bei jeder Gelegenheit
ergreift der Deutsche die Dreistigkeit,
zu ermahnen vor falschen Tönen
in beängstigendem Frönen.
Er möchte nicht, gibt er bekannt,
ein neues deutsches Naziland.
So mancher fragt sich da mit Staunen,
wo sieht der Deutsche all die Braunen?

Gemeint sind jene, die da warnen
in den letzten beiden Jahren
vor Gewalt, Krieg und auch Hass,
folgt sogleich der Maas-Erlass,
deren Wort im Keim zu ersticken,
sie zudem hinauszuschicken.

Die Angst ist groß, was Falsches zu sagen,
wird einen gewiss die Antifa jagen.
Gar die Engsten kuschen da schlicht,
erheben den Finger gen Bösewicht,
welcher man ausschließlich dann nur ist,
wenn nicht mit zweierlei Maß man misst,
dem deutschen, um genau zu sein,
das andere bleibt immer rein.

Rassismus bekämpfen sie gekonnt,
solang er aus deutschen Reihen kommt.
Der Deutsche hingegen hat zu begrüßen
Hass gegen ihn selbst, so muss er doch büßen,
dass vor mehr als siebzig Jahren,
Nazis kamen mit graus'gem Gebaren.

So sollen wir leben mit Unkulturen,
dankbar sein für Kreaturen,
die stetig eifrig daran wirken,
unser Deutschland zu zerstören
und in der Tat sehr hilfreich sind,
wahren des Deutschen Schuldessinn
für fürchterliche Kriegsvergehen,
die wir seither eingestehen.

So wehe dem Deutschen, der es wagt,
den Schuldkult nicht mehr mitzutragen.
So wehe dem Deutschen, der es wagt,
die Politik zu hinterfragen.
So wehe dem Deutschen, der es wagt,
selbst zu denken und zu sprechen.
So wehe dem Deutschen, der es wagt,
das lange Schweigen zu durchbrechen.

Wehe dem Deutschen, der es wagt,
stolz zu sein auf's Vaterland.
Wehe dem Deutschen, der es wagt,
auf's Herz zu legen seine Hand.
Wehe dem Deutschen, der es wagt,
seine Fahne zu erheben.
Wehe dem Deutschen, der es wagt,
seine Kultur genussvoll zu leben.

So wehe dem Deutschen, gestraft soll er sein,
geboren als deutsches Nazischwein.

Der Deutsche hat die werte Gabe
zu leiden bis zur Selbstaufgabe.
So schön das Fremde sicher ist,
der Deutsche besser nicht vergisst,
daß auch er hat schöne Seiten
als die dunklen Nazizeiten.

So wehe dem Deutschen, der stets bangt,
nicht zu sein wie man verlangt.
So wehe dem Deutschen, der es wagt,
so zu sein wie man ihm sagt.
Er darf stolz sein und nicht still.

So wehe nur dem, der das nicht will!

So wehe denen, die Fakten verdrehen,
die sich weigern zu verstehen,
dass der Deutsche liebt sein Land
mit gutem Herz und viel Verstand.

Wehe denen, die nicht hören
auf die Stimmen in den Chören.
Wehe denen, die Böses wittern
hinter bloßem bangen Zittern
um das schöne deutsche Land.
Nehmt einander an die Hand
und seht, was Euch gemeinsam ist.
Es ist prachtvoll und nicht trist.

Die wunderbare deutsche Sprache
soll nicht enden in der Lache,
die da bald aus Blut wird fließen,
wird selbst der letzte dann vergießen
ein großes bitteres Meer aus Tränen
und sich dann auch nicht mehr wähnen
in einem Lande, frei und sicher.
Da vergeht ihm das Gekicher.

So wehe Euch, wenn Ihr es wagt,
Traditionen aufzugeben.
So wehe Euch, wenn Ihr es wagt,
weiter nur nach Macht zu streben.
So wehe Euch, wenn Ihr es wagt,
zu propagieren, was befohlen.
So wehe Euch, wenn Ihr weiter wagt,
wird der Teufel Euch bald holen.

So wehe allen, die da denken,
könne man den Deutschen lenken
in Richtungen, die er nicht plante,
jedoch Furchtbares erahnte,
als sie trieben dieses Spiel
weiter so wie's ihnen gefiel.

Wehe ihnen, sie werden bezahlen,
nicht bei heuchlerischen Wahlen,
nein, es wird auch sie ereilen,
jede Nacht wird es verweilen,
in den Köpfen, das Gewissen,
lässt es auch gerade missen
seine Existenz bei jenen,
die sich in den Throne lehnen.

Es klopft bald an, so wartet zu,
kommen wird es da im Nu,
jedes einzelne Opfer im Blick,
Dank sei dieser Politik,
die die Tore öffnet weit,
verkauft wird da die Sicherheit.

So wehe, wehe allen denen,
die sich einzig danach sehnen,
Positionen zu behalten,
wie's beliebt hier rumzuwalten,
in Kauf zu nehmen überall
noch mehr Gewalt, es kommt der Knall.
So wehe Euch, wenn Ihr nicht wacht,
dann liebes Deutschland, gute Nacht!

(Dana Jungbluth, 30. Januar 2018)

Neue Wege

Wenn der Kampf nicht lohnt, liegt das Ziel woanders.

(Dana Jungbluth, 22. Mai 2018)

Kraft sparen

Kein Kampf ist erstrebenswert, dessen Ausgang schon feststeht.

(Dana Jungbluth, 22. Mai 2018)

Manipulieren

Ein Kampf, der gelenkt wird, ist bereits entschieden.

(Dana Jungbluth, 22. Mai 2018)

Optimismus

Hinter jeder Fassade verbirgt sich eine Geschichte,
aus der Schönes keimt, trachtet man danach.

(Dana Jungbluth, 23. Mai 2018)

(Dana Jungbluth, 23. Mai 2018)

Gemeinschaft

Hinter jedem Ich steckt ein Wir.

(Dana Jungbluth, 27. Mai 2018)

Mutter Erde

Missachte nicht die Natur. Sie ist stärker und hat
Heimrecht.

(Dana Jungbluth, 27. Mai 2018)

Gebot

Ehre Mutter Erde und Vaterland.

(Dana Jungbluth, 27. Mai 2018)

Realität

Es naht der Tag, an dem selbst jeder Linke sich ent-
scheiden wird müssen.

(Dana Jungbluth, 31. Mai 2018)

Einfachster Weg

Beneidenswert, der klein im Geiste ist; muss er sich stets nur mit der eigenen Meinung auseinandersetzen, die er nicht hat.

(Dana Jungbluth, 31. Mai 2018)

Von Märchen und Sagen

Und mit der Wahrheit verstummte der Applaus.

(Dana Jungbluth, 2. Juni 2018)

(Un)Bestätigte Vorurteile?

Die Völker, welch illustrer Haufen,
besser, sie sich schönzusaufen,
die ganzen Macken dieser und jener,
da braucht es mehr als nur 'nen Zehner.

Fangen wir an und blicken durch Schlitze,
hört man doch oft derartige Witze.
Erlebt man sie meistens grinsend und stumm,
knipsen halt lieber überall rum.

Erzählen den Kindern, Schwein äße man nicht,
bekäme die Haut sonst 'nen Rosastich.
Erlaubt hingegen sind Knoblauch und Kümmel,
so stinken sie lieber, die kleinen Lümmel.

Im Flirten sind sie nicht zu schlagen,
gleichwohl sie kurze Beine tragen.
Dies ist vermutlich auch der Grund,
läuft's beim Fußball nicht ganz rund.

Wie die Fliegen, überall,
gleicht 'ner Invasion aus'm All,
kommen sie in Campern daher,
die Köppe – bis auf Käse – leer.

Frösche und Schnecken als Delikatessen,
sagt man böse, würden sie fressen.
So romantisch sie auch sprechen,
bei den Toiletten möchte man brechen.

Primaten, die 'ne Insel hüten,
im Urlaub nicht den Hals voll kriegen,
trinken wie die Löcher
ihre Plörre noch und nöcher.

In die Schluchten scheißen sie,
der Dialekt nervt da und hie.
Servieren gerne riesen Knödel,
in Lederhosen. Was für Dödel!

Ruhen sich nach dem Schlafen erst aus,
hiernach dann mit 'nem Bier vor's Haus,
wo man dann schimpft über's fehlende Geld
und die böse weite Welt.

Die Hecken geschnitten, die Autos gewaschen,
sind es doch die größten Flaschen
auf diesem unser aller Planeten,
die ohne Spaß an der Freude leben.

(Dana Jungbluth, 6. Juli 2018)

Tränen

Tränen – denk' ich an unser Land!
Tränen – die Fahne in der Hand!
Tränen – beim Klang unseres Liedes!
Tränen – singen Kinder dieses!

Tränen – weil so viele wegsehen!
Tränen – wollen nur noch weggehen!
Tränen – bei den täglichen Infos!
Tränen – lassen mein Herz nicht los!

(Dana Jungbluth, 26. August 2018)

Wir sind das Volk

Ob Türke, Syrer, Afrikaner,
ganz egal, wer Du auch bist,
gehörst zum Volk wie jeder Deutsche,
wenn unsere Werte nicht vergisst.

Jeder Linke und auch Rechte
ist ebenfalls dazuzuzählen.
Wichtig ist nur, dass wir alle
gewaltfrei, demokratisch wählen.

Verfassungsfeinde, Extremisten
sind eine Gefahr für unser Land.
Die größte aber wäre wahrlich,
bewürbe man sie von Regierungshand.

Seid wachsam, zusammen, lasst Euch nicht spalten,
schaut gut hin, wer Freund ist, wer Feind.
Es naht der Tag, da müssen wir alle
fähig zu differenzieren sein.

(Dana Jungbluth, 1. September 2018)

Wir sind eins

Wir sind eins,
das ist, was zählt.
Wir sind eins,
egal, wer was wählt.

Wir sind eins,
nicht links oder rechts.
Wir sind eins,
vereint über's Herz.

Wir sind eins,
lassen uns nicht spalten.
Wir sind eins,
werden den Mund nicht halten.

Wir sind eins
und werden laut.
Wir sind eins,
Gewalt ist out.

Wir sind eins,
Extremisten sind scheiße.
Wir sind eins
auf friedliche Weise.

Wir sind eins,
auch Du bist dabei.
Wir sind eins,
aber keine Partei.

Wir sind eins,
lassen uns nicht mehr lenken.
Wir sind eins
und frei im Denken.

Wir sind eins,
niemand ist MEHR.
Wir sind eins,
und das ist: fair.

(Dana Jungbluth, 5. September 2018)

Prioritäten

Man kann sich stets das leisten,
was man zu brauchen meint.

(Dana Jungbluth, 15. September 2018)

Man kann sich stets das leisten,
was man zu brauchen meint.

(Dana Jungbluth, 15. September 2018)

Von Negern, Nazis und Gutmenschen

Achtung, ich muss was Böses sagen,
macht man eigentlich nicht,
kann ja niemand mehr vertragen,
drum schreib ich's als Gedicht.

Hm, was gibt's denn so an Wörtern?
Lasst uns überlegen.
Wir könnten es doch mal erörtern,
da spricht wohl nichts dagegen.

Als erstes fällt mir Neger ein,
abfällig ist es zu deuten.
Darauf folgt gleich das Nazischwein,
Titel von besorgten Leuten.

Kümmeltürke, scheiß Kanacke,
ein Verbrechen, interessant:
Japse, Schlitzauge, Polacke
in derlei Witzen amüsant.

Alle regen sie sich auf
über wahrlich blöde Worte,
allerdings und das zuhauf
sind sie doch von selber Sorte.

Da wird geflucht und auch beschimpft
der, der anders ist und denkt.
Wer hat uns das bloß eingeimpft?
Wirkt ja fast so wie gelenkt.

Spaghetti-, Frosch-, Kartoffelfresser
und der Gutmensch noch, na klar,
ist doch allemale besser
als handgreifliche Taten gar.

Wer schimpft, der scheint verzweifelt,
so muss man es mal sehen.
Lieber offen, nicht vereinzelt,
den Weg gemeinsam gehen.

Manchmal muss man Dampf ablassen,
nehmen wir's keinem allzu krumm.
Nicht, dass wir am End' verpassen,
Krieg abzuwenden… wäre dumm…

(Dana Jungbluth, 16. September 2018)

Die wahnsinnige Königin

Es war einmal eine Königin,
die wusste alles besser.
Wer es wagte und widersprach,
lief ins offene Messer.

Die Königin, die Königin,
setzte ihre Pläne durch.
Kaum einer, der dagegen hielt,
größer überall die Furcht.

Die Helferlein der Königin
waren fleißig, keine Frage.
Böse, giftig, hasserfüllt
war die konzipierte Lage.

Fremde, die sie kommen ließ,
bildeten ihr Militär,
damit der Königin möglich war,
ihr rêve totalitaire.

So lebte man unter der Königin
ängstlich, traurig und wütend.
Es war, so schien es,
aussichtslos. Furchtbar unberuhigend.

(Dana Jungbluth, 19.September 2018)

Im Tal des Unglücks

Ein grauer Schleier legt sich über mich,
langsam gleitet er, luftig-leicht,
und dennoch, in seiner Beschaffenheit
ist er schwer, verwickelt mich, und Euch.

Es herrscht Chaos, ein jeder kämpft für sich,
zu entkommen dem trüben, tristen Gewand.
Man kann hindurch sehen, bloß die Farben nicht,
sie warten am Ende des Saums.

Bewacht durch schwarze Dämonenkrallen,
lang und spitz und letztlich doch schwach,
gilt es zu finden sein eigenes Schlupfloch
mit Plan und Umsicht und Acht.

(Dana Jungbluth, 23. September 2018)

Verzweifelte Traurigkeit

Mein Herz brennt, meine Kehle schmerzt,
ich möchte schluchzen einen Ozean aus Tränen,
aber ich halte sie wie ein tapferer Soldat
für meine Kinder, um ihr Leben zu beglücken.

(Dana Jungbluth, 24. September 2018)

Überbewertet

Worte sind letztlich unbedeutend. Und doch ringen
wir stets darum.

(Dana Jungbluth, 4. Oktober 2018)

Die Tafel

Die Tafel, reich und schön gedeckt,
alles drauf, nichts war versteckt.
Jeder steuerte was bei,
ob Kaviar, Brot oder bloß ein Ei.
Nicht alle konnten gleich viel geben,
zusammen aber gut von leben.

Die Gesellschaft, sie kannte sich gut,
zog voreinander ihren Hut.
An Etikette wurde festgehalten,
um jenes Mahl perfekt zu gestalten.
Und hatte man kein Benehmen nicht,
wurde man rechtens verwiesen vom Tisch.

Gäste waren gern gesehen,
durften ein und aus da gehen.
Beliebten sie, dort zu verweilen,
verstanden sie das Prinzip zu teilen,
bemühten sich, dazuzugehören,
um die Ordnung nicht zu stören.

Unpfleglich hingegen zeigte sich dann,
ganz ohne Familie, ein fremder Mann,
drängte sich gleich an den Kopf der Tafel,
während die Mehrheit verfiel ins Geschwafel,
dass er gute Absichten hegte,
ganz so wie man es dort pflegte.

Dieser Mann, er lud noch ein
zahlreiche andere, keine Kinderlein.
Alle grapschten sie sich einfach,
Essen, Geld, gar Frauen. Mehrfach.
Nahmen sich alles, was sie dachten,
ihnen gehöre, dabei frech lachten.

Trotz Messern und Toten sah der Gastgeber zu,
ermahnte die Runde zu Verständnis und Ruh'.
Die, die sprachen an den Graus,
beschimpfte man bloß und schloß sie aus.
Übrig blieb ein beschmutzter Tisch.
Dies war der Sinn der Tafel nicht.

(Dana Jungbluth, 8. Oktober 2018)

Deutschland ist bunt

Wenn Du in Deutschland
tust die Wahrheit kund,
bekommst Du als Antwort:
Deutschland ist bunt.

Solange es läuft
für die Oberen rund,
ist Deutschland – na klar –
immer noch bunt.

Wie viele Körper
und Seelen auch wund,
da schreien sie weiter:
Deutschland ist bunt.

Zusammengerottet,
mehr als beim Bund,
Mensch, ist das schön,
unser Deutschland ist bunt.

Nimmst Du auch nur
manches Wort in den Mund,
erklingt stereotyp „Nazi,
Deutschland ist bunt".

In der Presse fast täglich
nur Schund:
Alles ist prima,
im Deutschland so bunt.

Man fragt sich,
wann endlich schlägt die Stund,
dass jeder begreift,
hier ist gar nichts mehr bunt.

Egal, wir machen weiter,
und das ist der Grund,
dass Deutschland ist einzig
ein bunter Schwund.

(Dana Jungbluth, 27. Oktober 2018)

Pakt der Arschlöcher

Ein Pakt unter Arschlöchern mutet nicht selten grö-
ßenwahnsinnig an, wie elitär getrieben.

(Dana Jungbluth, 9. Dezember 2018)

(Dana Jungbluth, 9. Dezember 2018)

Gemeinsamkeiten

Ob Weihnachten, Eid oder Chanukka,
Feste feiern ist wunderbar.
Geburtstage, Taufen und Hochzeiten
lassen sich schön zelebrierend begleiten,
ebenso wie Schulabschlüsse,
Jubiläen, diverse Einflüsse
aus verschiedenen Kulturen,
Religionen und weiterer Spuren
der Menschheitsgeschichte.
Ein Gedicht im Rampenlichte.

Jeder feiert, wie er mag,
ob durch die Nacht, ob bloß bei Tag.
Lassen wir jedem seine Feste
und wünschen dazu stets das Beste.
Feiern wir alle nur nie vergebens
unser gemeinsames Fest des Lebens.

*(Dana Jungbluth, 9. Dezember 2018; aus dem 2. Band
(Aus Kinderherzen) der Reihe „Poesie & Aphoristik",
hier erneut als liebevoll gemeinten Appell)*

Diverses

Aus Lehrern werden Lehrende,
aus Frau und Herr Bekehrende,
hält Person sich nicht wie erbeten
an diesen Stumpfsinn von Genderpropheten (*innen).

Stellt sich außerdem die Frage,
unterschätzt sei nicht die Plage,
wie Beschimpfen künftig geht,
wenn alles neu geschrieben steht.

Beim Arschloch fühlen sich sodann
vernachlässigt Frau sowie auch Mann.
Die Schlampe eignet sich ebenso
wenig für Männlein und manches so.

Der Hurensohn, er treibt's auf die Spitze,
und hier geht's nicht um schlechte Witze,
wenn dabei wird nicht bedacht,
dass man's auch der Tochter recht macht.

Dann schreien noch Diverse,
auch sie seien Perverse,
worauf zu achten Person möge,
bevor denn Stellung sie bezöge.

Die Sprache wird da penetriert,
ohne, dass man sich geniert,
sie ganz und gar so abzuschaffen,
zurück ins Zeitalter der Affen.

Drecksschwein*innen und Fotzeriche,
Wichser*innen, Schlamperiche.
Ein Wahnsinn mit den nach Worten Pickenden,
seien sie besser die sich selbst Fickenden.

(Dana Jungbluth, 22. Januar 2019)

Abschied von Deutschland

Einer meiner Aphorismen lautet „Ein freier Mensch prahlt nicht, er antwortet allenfalls.", angelehnt an den „Linzer Strünzer", der, so sagt man ihm nach, gerne strunzt, also zum Aufschneiden geneigt, eben ein kleiner „Schwätzer" ist.

Die beschauliche, bunte Stadt am Rhein, meine alte Heimat, wo ich aufgewachsen bin – Linz. Das bringt's bekanntlich. Schöne Zeiten hatte ich dort, gewiss, hat diese für mein Empfinden beklemmende Kleinstadt doch wesentlich meinen Freiheitsdrang geprägt und mich in meinem zugegebenermaßen manchmal sturköpfigen Tun stets bestärkt. Mein persönliches Empfinden ist natürlich kein Maßstab zur Beurteilung einer ganzen Stadt. Linz ist sicherlich sehr schön. Ruhig und übersichtlich, man kennt sich, lebt zusammen, feiert zusammen, lästert zusammen und nicht zuletzt auch übereinander, stirbt zusammen.

Ich lebe nun seit einigen Jahren nicht mehr dort und muss sagen, Linz hat mir zu keinem Zeitpunkt gefehlt, ich vermisse es nicht im Geringsten. Im Gegenteil, wenn ich dort bin und nur die Stadt für sich allein betrachte, fühle ich nichts als Leere. Es ist so, als betrachtete ich die Geisterstadt eines Westerns, deren einzige Protagonisten vor sich hin rollende Steppenhexen und -läufer sind. Das heißt nicht, dass mein Herz nicht weiterhin an einigen Menschen dort hinge, aber mein Herz trage ich ja stets bei mir, somit auch meine Liebsten. Und da ich nicht mal weit weg wohne, kann man sich auch sehen, wann man möchte; dem Grunde nach, an der Umsetzung hapert es meist.

Tja, aber was hat mich stets an Linz gestört? Die richtige Formulierung ist hier wahrscheinlich, es lag nicht an Linz, sondern an mir. Linz am Rhein ist für diejenigen toll, die auf vertrautes Vereinsleben stehen, gerne unter sich sind und dem Nachbarn gerne in die Mülltonne schauen, wenn er nicht genug Redestoff liefert, also nicht mehr von sich preisgibt als ein Linzer ein Anrecht darauf zu haben glaubt. Bist du drin in diesem Dunstkreis und mischst mit, ist es gut - solange du dabei bist. Bevorzugst du hingegen Ehrlichkeit, Leichtigkeit und allen voran, eigene Interessen gepaart mit einem Hauch von Privatsphäre, unterstellt man dir schnell extraterrestrische Züge, was entsprechend beglotzt wird. In der Tat, als käme man von einem anderen Stern und als Linzer kann man froh sein, von der Existenz jener zu wissen.

Es hat mich schon immer weggezogen, tief in mir ein unbändiger Drang, ausbrechen zu müssen, bevor ich eingehe. Mir hat immer etwas gefehlt. Bis heute. Ich war schon immer auf der Suche nach einem besseren, zufriedenstellenden Gefühl. Zwar habe ich dieses inzwischen für mich gefunden, jedoch passe ich mit selbigem nicht in meine Umgebung. Das habe ich noch nie. Mir hat in Deutschland, angefangen von meinem Heimatort Linz bis hin zu diversen anderen Wohn- und Urlaubsorten immer ein positives Wir-Gefühl und Zusammenhalt gefehlt. Selbst in Gruppen gleichen Interesses ist der gemeine Deutsche leider stets dazu geneigt, sich selbst zu profilieren und seinem nächsten gegebenenfalls auch ordentlich ans Bein zu pissen, wenn es ihm zur Wahrung seines Egos und seiner Prestige dienlich erscheint. Der Deutsche ist ein egoistischer Einzelgänger, der den Schwanz einzieht, wenn es heißt, für etwas einzustehen, jedoch die richterlichen Krallen ausfährt, wenn der Baum des Nachbarn sein beschissenes Grundstück berührt. Der Deutsche scheißt sich selbst lieber ans Bein, als für Ehrlichkeit, Miteinander und Freiheit einzutreten. Ziemlich linke Gedanken, nicht wahr? Da ist nichts mehr, was uns zusammenhält. So sucht ein jeder nach neuer Identität.

Ich mag schon gar nicht mehr auf die Details, die mich in unserem Land stören, eingehen. Ich bin müde geworden, da es zwecklos und entschieden scheint. Das ist ein Fakt, den wir akzeptieren sollten. Fakt ist auch, ich fühle mich hier so, als sei jede Mühe, gleich welcher Art, vergebens. Ich weiß nicht mehr, was ich hier soll und für wen. Für meine Kinder gewiss nicht. Die haben besseres verdient als diesen kaputten Haufen eines identitätslosen Staates. Sie werden es anderenorts definitiv besser haben als hier. Und das aus ebenfalls etlichen Gründen. Sie sollen leben können, sich entfalten, lachen, Zusammengehörigkeit empfinden, ja, einfach Heimat fühlen dürfen. Und ich weiß, dass es hier nicht möglich ist. Was für eine Mutter wäre ich also, behielte ich sie hier?

Ich glaube, am traurigsten stimmt mich eigentlich die Tatsache, dass Deutschland gerade in sich zusammenbricht, und das endgültig. Mir tut es im Herzen weh für meine Liebsten, dass sie ihre gewohnte oder besser gewünschte Heimat verlieren werden und es teilweise noch immer nicht begreifen. Oder nicht begreifen wollen. Ich konnte mich wenigstens darauf vorbereiten, bei ihnen wird es erst später ankommen. Dann, wenn es bereits zu spät ist. Ich habe schon lange Abschied von Deutschland genommen. Lange bevor es mir eigentlich bewusst war. Ich fühle mich dennoch, als hätte man es mir von Beginn an weggerissen, nie zugelassen, dass es meine Heimat wird. Ich fühle mich staatenlos und das schmerzt mir richtig arg im Herzen.

Viele Menschen, mich eingeschlossen, begründen ihren Unmut über hiesiges Klima und die Verhältnisse damit, dass sie ihren Kindern nicht diesen Scherbenhaufen hinterlassen möchten, auf den unser Land in großen Schritten zusteuert. Allmählich denke ich mir, lieber einen Scherbenhaufen zusammenfegen und etwas Neues errichten, als dass diese furchtbare Zeit, geprägt von Spaltung, Hass und Zerstörung auf unsere Kinder zugekommen wäre. Dann gehen doch lieber wir da durch. Für unsere Kinder. Verkaufen wir es ihnen als etwas Positives, dass sie gestärkt durch die Zukunft gehen mögen, die wir nicht mehr in der Lage zu verändern sind.

Es ist mir egal, sollte ich eines Tages keinen deutschen Pass mehr besitzen. Eines werde ich immer im Herzen tragen. Die Gewissheit, als Deutsche geboren zu sein, mit allem, was dazu gehört. Selbst Linz.

(Dana Jungbluth, 2018)

Schwedisches

Ach Gretchen, ach Gretchen,
Du süßes, kleines Mädchen.
Gerne würd` ich sein wie Du.
Schaute grimmig noch dazu.

Vielleicht gar nicht so blöd.
Dann wär`s doch so schön öd`
in meinem Kopf,
auch ohne Zopf.

Ich müsst` mich nicht drum scheren
oder mich verwehren
der kollektiven Dummheit.
Ich lebte nur die Trägheit
in meinen wenigen Gedanken,
die da wankten in den Schranken.

Grenzenlose Grenzen
täten wir kredenzen,
damit sie alle Panik kriegten
und wir allesamt besiegten
das Klima, das wir selbst erschafften,
was nicht einmal die Götter rafften.

(Dana Jungbluth, 21. Mai 2019)

Düstere Zeiten

Es ist alles so bedeutungslos.
Heute, wo Du von uns gerissen wurdest.
Morgen, wenn der Schmerz weiter zunimmt.
Immer, wenn wir uns fragen müssen:
Warum haben wir Dich nicht geschützt?
Wo war Dein Schutzengel, als wir nicht da waren?
Er war da. Er rettete Dich!

(Dana Jungbluth, 29. Juli 2019)

Fortsetzung folgt...

Geschrieben von uns allen.